OLIVIA RODRIGO

Exclusivo para fãs

BOOK ONE

São Paulo
2025

BOAS-VINDAS!

Entre no mundo de Olivia Rodrigo e conheça tudo sobre a superstar mais promissora do mundo neste guia essencial para todo fã de carteirinha. Acompanhe a jornada de Olivia até o estrelato, da época de sua carreira na Disney até sua estreia em *High School Musical* — além de sua incrível evolução, se tornando uma cantora e compositora que conquista o mundo inteiro. Reviva os dias de glória de *SOUR* e as performances mais antigas de Olivia, enquanto caminhamos para a era moderna com *GUTS* e muito mais. Também vamos homenagear seus looks mais icônicos, conhecer seus melhores amigos e ver o que o futuro reserva para essa estrela!

Se prepare e entre de cabeça
no universo da Olivia!
Good idea, right?

NASCE UMA ESTRELA

Nascida na cidade de Murrieta, no sudoeste da Califórnia, Olivia Isabel Rodrigo é filha única da professora Jennifer e do terapeuta de família Chris Rodrigo. Com seu pai com ascendência filipina e sua mãe com ascendência irlandesa e alemã, Olivia é filipino-americana, viveu ao redor dos costumes e da culinária filipina, e morou na cidade turística de Temecula. Olivia também cresceu ouvindo as músicas favoritas de seus pais, sobretudo as de gênero alternativo. Bandas como No Doubt, Pearl Jam, The White Stripes e Green Day foram a trilha sonora da casa dos Rodrigo. Com essa inspiração para suas performances e músicas, aos seis anos Olivia começou a ter aulas de atuação e de canto. Aos nove, foi aprender piano e, apesar de não gostar das aulas, passou a apreciar o instrumento, que agora é uma companhia de inestimável valor em suas composições.

A RECEITA DO SUCESSO DE OLIVIA

Olivia era claramente talentosa, e logo estava competindo em shows de talentos da região em que morava. Enquanto estudava no Lisa J Mails Elementary School, em Murrieta, ela se juntou ao programa de teatro musical da escola. Foi nesse ambiente cultural que ela conquistou alguns papéis em peças da escola e, também, em teatros musicais da região. Com seu talento despontando, não foi surpresa o quanto Olivia cresceu artisticamente, logo conquistando seu primeiro trabalho de atuação profissional em um comercial da Old Navy. Com apenas doze anos, Olivia foi escalada para seu primeiro papel principal como Grace Thomas no filme *American Girl: A Receita Para o Sucesso*, que saiu diretamente em DVD. Após conquistar seu nome nos créditos de um filme pela primeira vez, Olivia alcançou o papel de Paige Olvera na série *Bizzardvark*, do Disney Channel, bem como uma participação especial na série de comédia de Zooey Deschanel, *New Girl*.

 AMIGAS PARA SEMPRE

Tendo estrelado em *Bizaardvark*, Olivia Rodrigo e Madison Hu rapidamente viraram amigas e um par inseparável. Mesmo se encontrando em breves momentos durante as audições da série, Olivia e Madison começaram a trocar mensagens, e logo Madison entendeu que Olivia seria uma boa amiga. Enquanto estavam trabalhando na série, elas passavam o tempo juntas, levando Olivia a dizer que *as pessoas pensam que os mais jovens são viciados em seus smartphones, mas na verdade eles são viciados em seus amigos*. Olivia chamou Madison de sua "alma gêmea" e melhor amiga, e ela incluiu sua parceira de *Bizaardvark* em um de seus vídeos musicais do álbum *GUTS* — além de Madison ter sido uma das musas de sua música *Logical*. O single de estreia de Olivia, *Drivers license*, também cita Madison! Além disso, a dupla se juntou a outros artistas para o evento *My Friend's Place*, que ajuda jovens em situação de rua a encontrarem abrigo, comida, trabalho, educação e saúde. O evento arrecadou mais de 740 mil dólares.

 RUMO A HOLLYWOOD

Os pais de Olivia nunca forçaram a filha para que fosse uma estrela mirim, mas eles a apoiaram em suas aspirações, levando-a em diversas audições em Los Angeles — onde a menina estrelou em *Bizaardvark*, no Disney Channel. Esse foi um marco na vida de Olivia, já que a produção estava na Cidade dos Anjos — a mais de 128 km de sua casa —, e sua família resolveu se mudar para Los Angeles, para que ela ficasse mais próxima do trabalho.

Como é de se imaginar, com uma agenda apertada para a gravação da série de TV, não havia muito tempo para frequentar uma escola comum, então ela estudou em casa, de 2016 até se formar, em 2021. Em *Bizaardvark*, Olivia atuava junto de Madison Hu, que ainda hoje é uma amiga próxima. A série mostra Olivia e Madison como Paige e Frankie, respectivamente, que viraram estrelas de sucesso na internet depois de postarem músicas e vídeos engraçados. Olivia aprendeu a tocar violão para o papel, que recebeu influências da música country e da cantora Taylor Swift.

O COMEÇO DE ALGO NOVO

Depois do sucesso de *Bizaardvark*, o próximo papel de Olivia foi na série *reimaginada* da franquia *High School Musical*, da Disney. Num estilo de *mockumentary* (uma espécie de documentário de humor), *High School Musical: The Musical: The Series* (com seu título irônico) acontecia em um *set* fictício do *East High School* — a escola onde os filmes originais foram filmados, e um novo musical está para acontecer. Olivia interpretou Nina "Nini" Salazar-Roberts, que é escalada como a principal personagem feminina do filme, Gabriella Montez, interpretada originalmente

por Vanessa Hudgens. Um fato interessante é que tanto Olivia quanto Vanessa são descendentes de filipinos. Joshua Bassett atuou como Ricky Bowen, escalado para o papel principal masculino, Troy Bolton, originalmente interpretado por Zac Efron. A série debutou no serviço de streaming *Disney+*, em novembro de 2019, com avaliações positivas. Muitos dos comentários exaltavam o elenco — em especial, as performances de Olivia e Joshua, com uma avaliação que chamava Olivia de "especialmente magnética".

ELA CONTINUA SUBINDO

Durante a primeira temporada de *High School Musical: The Musical: The Series*, Olivia brilhou como Nini, com seus vocais tomando os holofotes em músicas já existentes e favoritas dos fãs, como *What I've Been Looking For* e *Breaking Free*. Olivia até escreveu uma música original para a trilha sonora, chamada *All I Want* — uma balada tocada no piano, da perspectiva de Nini descobrindo que E.J. a traiu. Apesar de a Disney não ter lançado a música para o rádio, *All I Want* foi um *hit* e se tornou uma das músicas de maior sucesso na série, e também o *hit* de estreia de Olivia. Nada mal para a primeira investida da cantora em composição! Na segunda temporada, a série focou na produção de *A Bela e a Fera*. Nini foi escalada para o papel principal de Rose, e Olivia emprestou, mais uma vez, sua habilidade em escrever músicas para a nova composição *The Rose Song* — uma balada sobre independência e tocada no piano.

OLIVIA QUEBRA RECORDES

Graças ao sucesso de *All I Want*, Olivia conheceu e assinou com a *Geffen Records* — uma gravadora que lançou produções com Elton John, Nirvana, Aerosmith, Cher e Guns N' Roses, entre tantos outros. A pandemia de Covid-19 atrasou a produção da segunda temporada de *High School Musical: The Musical: The Series* em 2020, dando a Olivia um intervalo nas filmagens.

Durante esse tempo, a cantora focou em escrever músicas. A primeira das músicas lançadas pela Geffen, em janeiro de 2021, foi *Drivers License*. Novamente, Olivia alcançou um *hit* instantâneo, com as críticas dizendo que foi "o *hit* de estreia do ano". A música quebrou o recorde do Spotify com a maior quantidade de *streams* em um dia para uma faixa não temática e como a música mais rápida a atingir 100 milhões de *streams*. Então, Olivia foi convidada para o *Brit Awards* em fevereiro de 2021, onde ela apresentou *Drivers license* e entregou recados escritos à mão para alguns artistas que compareceram ao evento, como Taylor Swift e Harry Styles.

OLIVIA ASSUME O CARGO

SOUR estreou em primeiro lugar na *Billboard* e foi tremendamente aclamado pela crítica com suas baladas pop e hinos pop-punk. Olivia estava em alta, e sua estrela seguiu brilhando cada vez mais. Em junho de 2021, com apenas dezoito anos, Olivia foi convidada para a Casa Branca a fim de encontrar o presidente Joe Biden e seu conselheiro médico de Covid-19, dr. Anthony Fauci. Um momento extraordinário para uma jovem cantora!

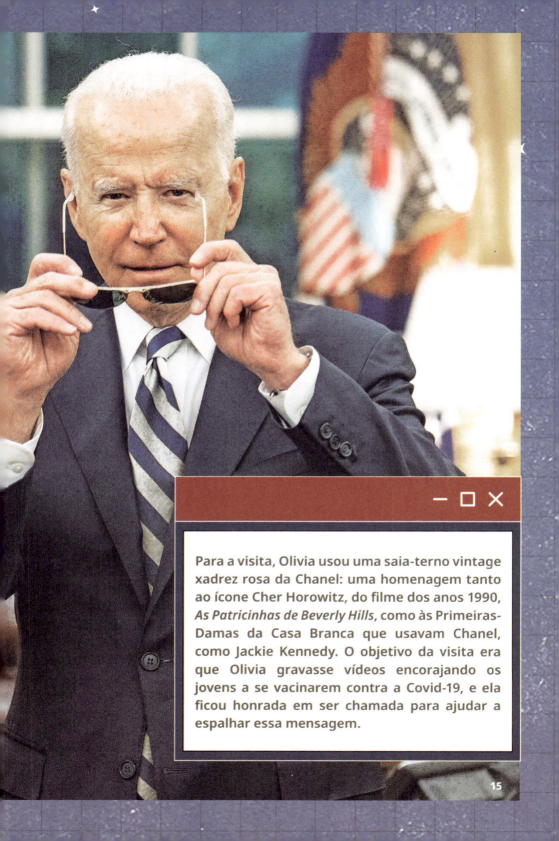

Para a visita, Olivia usou uma saia-terno vintage xadrez rosa da Chanel: uma homenagem tanto ao ícone Cher Horowitz, do filme dos anos 1990, *As Patricinhas de Beverly Hills*, como às Primeiras-Damas da Casa Branca que usavam Chanel, como Jackie Kennedy. O objetivo da visita era que Olivia gravasse vídeos encorajando os jovens a se vacinarem contra a Covid-19, e ela ficou honrada em ser chamada para ajudar a espalhar essa mensagem.

SOUR

BUT SWEET

Uma balada poderosa detalhando o coração partido de uma menina, *Drivers License* — que originalmente foi idealizado como um EP — foi parte de uma *trend* de "músicas tristes de meninas", inspiradas por outras cantoras e compositoras, como Lorde, Taylor Swift e Gracie Abrams. Após a música se tornar viral no *TikTok,* e a *hashtag* #driverslicence acumular mais de 888,5 milhões de visualizações em uma semana, Olivia decidiu desistir totalmente do EP e optou por um álbum de estúdio completo. O produtor do álbum, Dan Nigro, tinha encontrado Olivia em março de 2020, uma semana antes de a quarentena do Covid-19 impedir os encontros presenciais. Juntos, eles gravaram o álbum durante 2020 e 2021, com a última sessão de gravação acontecendo em março de 2021. O segundo single de Olivia, *Deja Vu*, foi lançado em 1º de abril de 2021 (primeiro precisando convencer os fãs de que não era uma mentira de 1º de abril), e o terceiro single, *Good 4 U*, foi lançado em maio. Seu álbum muito esperado, *SOUR*, finalmente foi lançado uma semana depois.

E O PRÊMIO VAI PARA...

Em seu primeiro *MTV Video Music Awards* (VMAs), Olivia foi indicada a seis prêmios — a mesma quantidade que Justin Bieber! As indicações incluíam Melhor Artista Estreante, Artista do Ano, Música do Ano, Performance do Ano, Melhor Pop e Música do Verão. No tapete vermelho, ela chegou em um estonteante vestido vermelho sem alças de alta costura, e deixou sua marca com os brincos de borboleta que caíam sobre seus ombros. As borboletas foram um símbolo da cantora desde a época do lançamento de *Drivers License*, nove meses antes. Não apenas elas aparecem na capa do álbum *SOUR*, como também estavam nos envelopes escritos à mão entregues aos seus ídolos no *Brits*, em fevereiro. Ela apresentou *Good 4 U* na noite do VMAs, com seu símbolo de borboletas tomando o centro do palco em um vestido azul e lilás, inspirado nas clássicas festas de formatura.

GOOD 4 HER

Apesar de muitas potências estarem no VMAs, Olivia levou para casa o prêmio de Música do Ano por *Drivers License*, superando BTS, Cardi B, Dua Lipa e Bruno Mars! Ela também levou o prêmio de Melhor Artista Estreante. Na hora de aceitar o prêmio, Olivia (que subiu ao palco usando seu vestido vermelho de alta costura, além de seu vestido de formatura pop-punk de sua performance de *Good 4 U* — com luvas de manga longa de seda combinando) disse: "Este tem sido o ano

mais mágico da minha vida e é tudo por causa de vocês". Ela dedicou o prêmio "... a todas as outras meninas que escrevem músicas no chão de seus quartos. Muitas pessoas tentarão apagar sua luz, mas falar o que pensa e compartilhar o que está em seu coração são as coisas mais bonitas do mundo".

NA MODA

Mais e mais convites começaram a chegar para Olivia com o sucesso de *SOUR*, entre eles sendo um convite de prestígio: o Met Gala (adiado de maio para setembro por conta da pandemia), um evento de gala anual com a finalidade de arrecadar valores em benefício do Costume Institute do Metropolitan Museum of Art. Organizado pela revista Vogue e sua editora-chefe, Anna Wintour, o Met Gala é um evento social *trendy* e exclusivo, conhecido como "a maior noite da moda", com convites que são enviados apenas para as pessoas mais relevantes da cena cultural. Os convidados costumam aderir aos temas de cada ano, que variam de tecnologia até tempo. Em 2021, o tema foi *In America: A Lexicon of Fashion*, e Olivia apareceu no tapete vermelho em um macacão da Saint Laurent, preto e de renda com um decote de penas. Acompanhando o look, brincos de cachoeira de diamante e uma maquiagem bastante minimalista e clean.

VIVA OLIVIA

Conforme as restrições da pandemia foram caindo, Olivia fez seu primeiro show e festival no iHeartRadio Music Festival, em setembro de 2022 — outro marco para adicionar na lista da jovem cantora. Entre os músicos tocando no festival em Las Vegas estavam Billie Eilish, Coldplay e Dua Lipa — com Olivia se apresentando um pouco mais de uma semana depois de ganhar seus prêmios no VMAs. Começando com a rápida *Brutal*, a primeira música de *SOUR*, Olivia levou energia para a estreia de seu *set* do show — antes de mudar para uma música mais alternativa com *Jealousy, Jealousy*. Quando a favorita dos fãs, *Drivers License*, começou a tocar, a atmosfera ficou mais melancólica e levou à música dos corações partidos, *Traitor*. O público foi levado de volta, no entanto, quando Olivia terminou seu *set* com a música *punky*, *Good 4 U*. "Este é um dia muito especial para mim, porque esse é meio que meu primeiro show", ela falou para a plateia. "Eu estou tão grata a vocês que estão aqui, experienciando isso. Muito obrigada."

AMADURECENDO

Apesar de ser conhecida por seu estilo anos 1990, meio *prom-punk* do ensino médio, Olivia é um camaleão da moda e podia muito bem aparecer com looks mais maduros. Graças aos seus estilistas, a abertura de gala do *Academy Museum of Motion Pictures* foi uma dessas ocasiões. De novo, Olivia estava com seu vestido Saint Laurent, mas dessa vez sendo um longo vestido despojado com um impressionante decote. Não havia joias em seus punhos e pescoço, o vestido era mesmo o destaque. O cabelo estava preso em um coque, com apenas alguns fios soltos emoldurando seu rosto e um batom vermelho elegante se sobressaindo em uma maquiagem minimalista. Combinou perfeitamente com algumas das exibições lendárias dentro do museu, incluindo um par de sapatilhas rubis de Dorothy, de O *Mágico de Oz*.

AO VIVO COM KIMMEL

Para sua primeira performance e entrevista em *talk-show* desde o lançamento de *SOUR*, Olivia foi ao *Jimmy Kimmel Live!* apenas alguns dias depois do Halloween de 2021. Explicando seu processo de composição de músicas para Jimmy, Olivia disse que ela estava "... escrevendo músicas antes que pudesse literalmente falar". Uma das primeiras músicas que escreveu, com nove ou dez anos, foi *Superman*, que diz: *"I don't need a superman to come and save me. To come and teach me lessons. 'Cause I'm a human being and I can clean up my own messes."* ("Eu não preciso de um super-homem para vir me salvar. Para vir me ensinar lições. Porque sou um ser humano e eu posso limpar minhas próprias bagunças.") "Eu achei que foi muito profundo", ela disse ao Jimmy. Falando de processo, Olivia declarou: "Eu acho que você pode ser uma pessoa feliz e ainda assim ficar chateada algumas vezes. Eu acho que compor músicas é um ótimo meio de expressar emoções desse tipo, essas que você sabe que não são legais de ficar falando a todo momento".

O SONHO AMERICANO

Em 2021, no *American Music Awards*, Olivia chegou com um vestido brilhante com gola halter transparente e acabamento em penas, nos pés... um salto aberto dourado metálico! Seu cabelo longo estava solto sobre os ombros, e as unhas estavam decoradas nas bordas com um design preto eclético sobre esmalte transparente. O evento aconteceu no Microsoft Theater em Los Angeles, e sua performance foi de *Traitor*. Ela surgiu através de uma porta para cantar, e a plateia gritou e aplaudiu enquanto ela dedilhava o primeiro acorde. Sua troca de look foi um vestido branco simples com uma linha diagonal que cruzava o busto e laços que ornavam a região da barriga. Nomeada para diversos prêmios na cerimônia, Olivia venceu como Melhor Artista Estreante. Quando Machine Gun Kelly anunciou sua vitória, Olivia abraçou o amigo Connan Gray, que sentava ao seu lado, e cochichou *"Wow!"* enquanto ela andava até o palco e pegava o troféu nas mãos.

SK8R GIRLS

Conhecer seus heróis é um momento único na vida, mas ter um deles te entregando um prêmio deve ser ainda mais inacreditável! No *Variety's Hitmakers Brunch*, já no final de 2021, Avril Lavigne entregou a Olivia o prêmio de Compositora do Ano. "Eu sou muito sua fã. Eu me inspiro muito em você", disse Olivia para Avril. Enquanto Olivia embarcava em sua primeira turnê de SOUR em 2022, ela sempre fazia o cover de Avril, com a música *Complicated*, que foi seu hino pop-rock de estreia. Na primeira

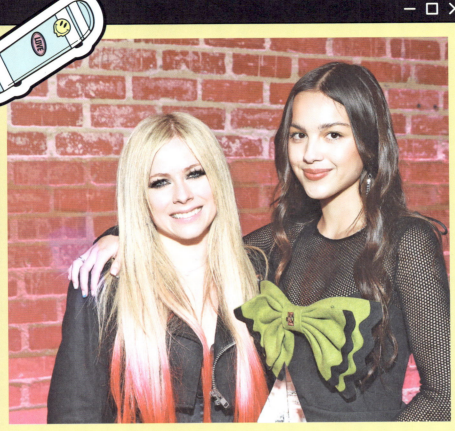

data da turnê em Toronto, Olivia até levou Avril para fazer um dueto com ela em sua própria música! Com as duas combinando em saias xadrez estilo punk-rock, Avril cantou a primeira parte da música, antes que Olivia continuasse. Em um post em seu instagram, Olivia agradeceu Avril mais uma vez, por ter sido sua inspiração: *"Toronto last night was special. Thank u dearest for singing with me. Look up 2 u so much"* ("Na noite passada, Toronto foi especial. Obrigada, querida, por ter cantado comigo. Me inspiro tanto em você").

SEGUNDO BRITS

Para sua segunda presença no *Brit Awards* em fevereiro de 2022, Olivia escolheu um vestido prateado de paetês e sapatos pretos de salto alto. Em seu cabelo, ondas suaves, que caíam como cascatas em suas costas. Apesar de não ter se apresentado dessa vez, Olivia foi nomeada para Melhor Canção Internacional do Ano, com *Good 4 U*, e Melhor Artista Internacional, com o produtor Dan Nigro ao seu lado, como apoio da noite. Olivia perdeu para Billie Eilish em Artista Internacional, mas será que ela poderia ganhar Melhor Canção Internacional? A atriz de *Friends*, Courtney Cox, e o cantor Johnny McDaid, apresentaram o prêmio no palco, anunciando com muita empolgação que Olivia havia ganhado: sua primeira vitória no Brits! "Ano passado, no Brits, foi minha primeira performance da vida, então ganhar o prêmio esta noite é muito surreal. Muito obrigada!" disse Olivia para a plateia. "Eu amo o Reino Unido e agradeço todo o amor que vocês demonstraram por *Good 4 U* e por todo o meu álbum neste ano."

NO BANCO DO PASSAGEIRO

O primeiro Grammy de Olivia vai ser sempre algo grande. Não apenas ela estava performando pela primeira vez na premiação, como ela também havia sido nomeada em sete categorias! Todos os olhos estavam no palco enquanto a câmera dava zoom em uma Mercedes-Benz branca, colocada ali especificamente para o que prometia ser uma apresentação marcante. A estação de rádio foi alterada. Partes de *Traitor* e *Good 4 U* com um efeito de rádio foram ouvidas rapidamente, mais sons de estática apareciam enquanto a mão continuava a mudar de estação. Então a câmera se afastou para mostrar o cenário de uma rua suburbana, e a abertura familiar do piano de *Drivers License* preencheu o ambiente. Olivia estava sentada atrás do volante em um vestido branco etéreo com babados, meia arrastão e botas Chelsea pretas, cantando sua tão famosa música sobre coração partido.

O QUE FAZ ELA FELIZ

Receber um prêmio de seu ídolo, não apenas uma vez... mas duas vezes é uma conquista incrível! E foi exatamente o que aconteceu no *Billboard's 2022 Women in Music*, onde Olivia foi premiada como a Mulher do Ano por Sheryl Crow. Não apenas isso, a cantora de country rock elogiou Olivia dizendo: "Quando eu fiquei famosa, as mulheres estavam lutando para serem as arquitetas de sua própria carreira... então quando vejo alguém como nossa Mulher do Ano, Olivia Rodrigo, tendo um sucesso tão incrível ainda tão jovem, eu fico deslumbrada". Uma Olivia muito grata agradeceu a Sheryl. Ao receber o prêmio, ela disse: "Não é fácil ser uma mulher jovem na indústria da música, mas eu encontrei muita força em compositoras e artistas mulheres que chegaram antes de mim e pavimentaram o caminho, abrindo portas para tantas como eu".

MUDANDO AS ENGRENAGENS

Com todo seu sucesso no topo das paradas, Olivia não esqueceu suas raízes na Disney e optou por lançar um documentário com o serviço de streaming da companhia, chamado Disney+. *Olivia Rodrigo: driving home 2 u* contém gravações da produção de *SOUR*, já que Olivia e o produtor Dan Nigro haviam colocado uma GoPro no estúdio de Dan para gravar o processo de composição e produção deles. O documentário também segue Olivia e sua banda numa *road trip* entre Salt Lake City e Los Angeles, enquanto eles apresentam músicas do álbum em várias paradas no caminho. Juntos, eles performaram *Jealousy, Jealousy* em uma via expressa e *Hope Ur Ok* enquanto estavam descalços na areia. Outras músicas receberam tratamento diferente: *Good 4 U*, por exemplo, tem Olivia em uma sessão acústica nos desertos de Monument Valley, enquanto *Traitor* é um solo com a cantora usando um *pedal looper* com múltiplos instrumentos para sintetizar a performance de uma banda inteira.

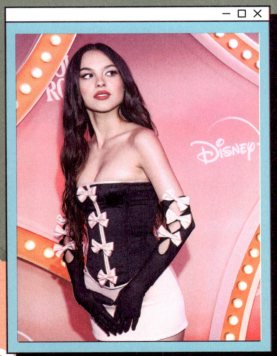

GRAMMY, GRAMMY, GRAMMY!

No tapete vermelho do Grammy, Olivia usou um vestido longo Vivienne Westwood de cetim preto, com uma ilustração no formato de uma mulher em glitter rosa. Nas mãos, luvas de cetim. Ao redor do pescoço, um choker rosa e preto com glitter. A compositora foi nomeada em diversas categorias, incluindo Melhor Artista Estreante, Álbum do Ano, Melhor Álbum Vocal de Pop, Gravação do Ano, Música do Ano e Melhor Performance Pop Solo. As categorias seriam brigas difíceis para a garota de dezenove anos, já que ela estava contra nomes consagrados e ícones da indústria, como ABBA e Lady Gaga, assim como artistas mais experientes como Billie Eilish e Taylor Swift. Incrivelmente, Olivia ganhou não apenas um Grammy em sua primeira participação na premiação, mas três — ela triunfou em Melhor Artista Estreante, Melhor Performance Pop Solo, por *Drivers License*, e Melhor Álbum Vocal de Pop.

DAN, O CARA

O documentário *driving home 2 u* também mostrou um lado mais vulnerável de Olivia, já que ela revelou que quando estava divulgando algumas de suas próprias músicas, ela estava nervosa e não muito certa sobre a qualidade delas. Olivia postou um vídeo de si mesma tocando *Happier* em seu Instagram, mas pensou em deletar o post. Sorte que não deletou, já que foi a primeira vez que o produtor Dan Nigro notou a cantora, e foi impactado pela intensidade do trecho: *"I hope you're happy, but don't be happier"* ("Eu espero que você esteja feliz, mas não seja mais feliz"). Os dois se conheceram em março de 2020, um pouco antes dos *lockdowns* do Covid-19, e seguiram gravando e escrevendo músicas juntos para *SOUR*. Cerca de cinco dias antes do prazo da *track list* final, Olivia sentiu que algo não estava completamente certo e quis adicionar uma música mais rápida e animada ao álbum. Dan e Olivia, então, escreveram *Brutal* em cerca de noventa segundos, com Dan tocando um som de guitarra que Olivia improvisou a letra por cima.

UMA TURNÊ DE FORÇA

Depois do término de seu contrato com a Disney, Olivia enfim conseguiu embarcar em sua primeira turnê! A *SOUR Tour* teve quarenta e nove shows pela América do Norte e Europa no final da primavera até o verão de 2022. Os ingressos se esgotaram rapidamente já que a turnê aconteceu em locais menores do que era previsto, com Olivia explicando aos fãs: "Eu não acho que eu tenho que pular degraus", apesar de sua popularidade. Ela estava ansiosa para apresentar *Brutal* mais do que tudo em sua turnê, já que ela "é tão forte. Eu sempre amo estar em um show e curtindo de verdade uma música, então eu espero que as pessoas curtam muito essa". A *SOUR Tour* ensinou a Olivia muitas coisas: "Eu acho que mais do que tudo [o que aprendi] foi o lado pessoal, como eu posso cuidar de mim mesma em uma turnê e como eu posso me manter descansada, manter minha voz saudável e coisas assim".

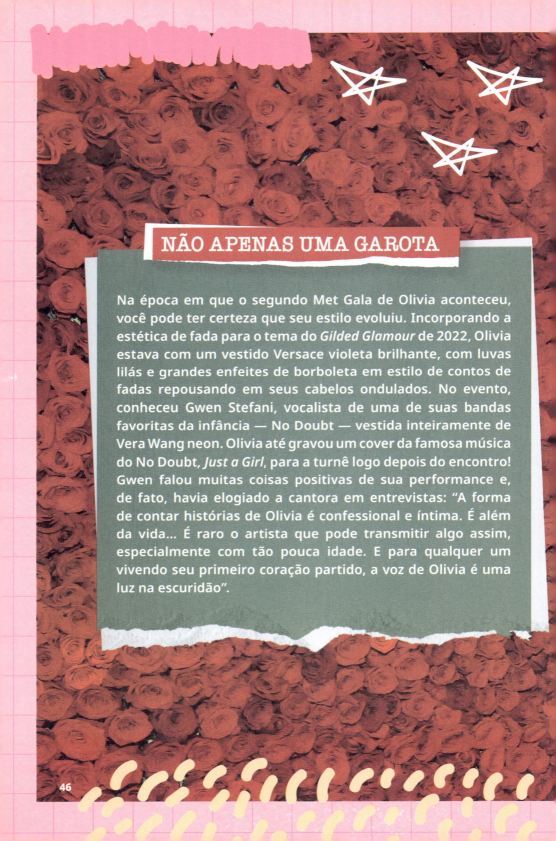

NÃO APENAS UMA GAROTA

Na época em que o segundo Met Gala de Olivia aconteceu, você pode ter certeza que seu estilo evoluiu. Incorporando a estética de fada para o tema do *Gilded Glamour* de 2022, Olivia estava com um vestido Versace violeta brilhante, com luvas lilás e grandes enfeites de borboleta em estilo de contos de fadas repousando em seus cabelos ondulados. No evento, conheceu Gwen Stefani, vocalista de uma de suas bandas favoritas da infância — No Doubt — vestida inteiramente de Vera Wang neon. Olivia até gravou um cover da famosa música do No Doubt, *Just a Girl*, para a turnê logo depois do encontro! Gwen falou muitas coisas positivas de sua performance e, de fato, havia elogiado a cantora em entrevistas: "A forma de contar histórias de Olivia é confessional e íntima. É além da vida… É raro o artista que pode transmitir algo assim, especialmente com tão pouca idade. E para qualquer um vivendo seu primeiro coração partido, a voz de Olivia é uma luz na escuridão".

TONS DE GRAY

Um dos melhores amigos de Olivia é Conan Gray, que compartilha seu amor pela música, especialmente Taylor Swift! Os dois foram recrutados para ajudar a promover o álbum *Fearless (Taylor's Version)* de Taylor e a música *You Belong With Me*, e também trabalham com o mesmo produtor: Dan Nigro. Os dois costumam sair juntos, vão às compras em brechós, performam juntos e participam do Met Gala e de cerimônias de premiação. Conan, é claro, também fazia parte da equipe apresentada no filme *SOUR Prom* de Olivia, junto com suas também amigas próximas, Iris Apatow e Madison Hu. "Ela simplesmente é a melhor. Eu a amo muito. Nós nos divertimos demais juntos", disse Conan. "Ela me lembra muito minha irmã mais nova. E nós somos irmãos em todos os sentidos que eu poderia imaginar."

NATURALMENTE SOCIÁVEL?

Trinta e cinco milhões de seguidores no Instagram é uma quantidade inimaginável para a maioria das pessoas, e surpreendentemente para Olivia também. Quando *Drivers License* foi lançada e viralizou, Olivia ficou perplexa com quanta atenção e impulsionamento a música teve nas redes sociais. "Eu realmente deletei minhas redes sociais por seis meses porque era de zero a cem, uma prova de fogo", ela explicou. "Eu deletei tudo por um

longo tempo, e estou tão feliz por ter feito isso naquele momento. Tenho um controle melhor sobre essas coisas agora, mas na época eu fiquei em abstinência. Então estou tentando descobrir um meio termo". As redes sociais não são o único tipo de socialização que deixa Olivia ansiosa. Ela também se preocupa com suas habilidades sociais por conta de sua criação: "Sempre senti que estava perdendo coisas porque sou filha única e porque não fui à escola e estudei em casa."

WE HATE WHAT YOU DO AND WE HATE YOUR WHOLE CREW

Durante a parte europeia da *SOUR Tour*, Olivia trocou Somerset, na California, por sua primeira aparição em um festival em solo britânico — e uma no lendário *Glastonbury Festival*, apenas isso! Conforme o sol brilhou no Worthy Farm, Olivia apareceu vestindo um top roxo e branco com uma minissaia roxa xadrez. Seu cabelo estava ondulado, exceto por duas finas tranças que emolduravam seu rosto — e ela irradiava luz enquanto passava pelo palco com a música de abertura, Brutal. Como parte do *set*, Olivia teve uma convidada especial, Lily Allen, para se juntar a ela. Enquanto estava apresentando sua convidada, Olivia explicou que a próxima música que iriam cantar juntas, *F*** You*, de Lily, seria dedicada aos juízes da Suprema Corte, que derrubaram o caso histórico Roe V Wade de 1973, que protegia o direito de fazer um aborto nos Estados Unidos: "Essa música vai para os juízes Samuel Alito, Clarece Thomas, Neil Gorsuch, Amy Coney Barrett e Brett Kavanaugh. Nós odiamos vocês".

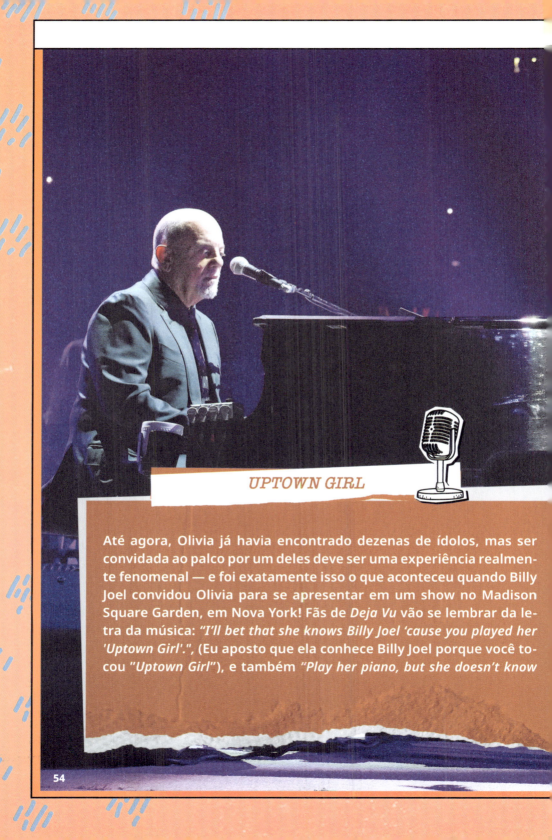

UPTOWN GIRL

Até agora, Olivia já havia encontrado dezenas de ídolos, mas ser convidada ao palco por um deles deve ser uma experiência realmente fenomenal — e foi exatamente isso o que aconteceu quando Billy Joel convidou Olivia para se apresentar em um show no Madison Square Garden, em Nova York! Fãs de *Deja Vu* vão se lembrar da letra da música: *"I'll bet that she knows Billy Joel 'cause you played her 'Uptown Girl'."*, (Eu aposto que ela conhece Billy Joel porque você tocou "Uptown Girl"), e também *"Play her piano, but she doesn't know*

that I was the one who taught you Billy Joel" (Toque o piano dela, mas ela não sabe que fui eu quem ensinou a você Billy Joel). Olivia estava brilhando de alegria quando ela cantou *Deja Vu* com Billy Joel no piano, apontando para o músico quando as letras surgiam, antes de eles cantarem *Uptown Girl* juntos. Nada como superar um término cantando uma música que faz referência a um de seus ídolos estando com esse mesmo ídolo no palco!

GRADUAÇÃO

Com o grande sucesso que estava experimentando em sua carreira musical, era hora de Olivia se despedir de *High School Musical: The Musical: The Series*. Quando a terceira temporada começou a ser gravada na Califórnia, que foi diferente do *set* original em Salt Lake City (uma forma de ajudar Olivia com sua agenda apertada), a personagem de Olivia, Nini, havia se tornado recorrente. Na série, o arco de Nini chega ao final quando ela recebe a oportunidade de

ir a LA buscar sua carreira musical (parece familiar?) e encontrar seu pai biológico, Marvin, enquanto o restante do elenco participava de uma produção de *Frozen* no acampamento de verão. Sua música final foi *You Never Know*, que fala sobre partir para o próximo capítulo de sua vida. Ela encerrou as gravações da série em abril de 2022, bem a tempo da primeira turnê de Olivia começar.

"Eu acho que grande parte de perdoar uma pessoa durante um término é perdoar a si mesmo também".

AMOR JOVEM

Olivia conheceu Joshua Bassett em 2019, durante a produção da primeira temporada de *High School Musical: The Musical: The Series*. Como os dois eram os principais na série, Olivia e Joshua passavam grande parte do tempo juntos. Seus personagens, Nini e Ricky, eram um casal, e não apenas apresentaram inúmeras músicas juntos, mas também escreveram uma música para a série: *Just For a Moment*. Os rumores diziam que os atores eram mais do que colegas e estavam juntos em uma relação romântica, assim como seus personagens! No entanto, Joshua foi flagrado com a atriz e cantora Sabrina Carpenter no verão de 2020, o que pode indicar que o relacionamento de Olivia e Joshua havia chegado ao fim. Muitas das músicas de coração partido de *SOUR* eram escritas sobre a separação deles, apesar de parecer que Olivia já havia seguido em frente: "Eu acho que grande parte de perdoar uma pessoa durante um término é perdoar a si mesmo também".

VESTIDA PARA IMPRESSIONAR

O estilo e os looks incríveis de Olivia nunca foram ocasionais. Cada um deles foi meticulosamente planejado, tendo as irmãs estilistas Chloe e Chenelle Delgadillo cuidando de seu guarda-roupas nos primeiros dois anos de sua carreira musical. A chave para o estilo de Olivia, tanto em looks destinados ao tapete vermelho quanto em looks para um simples passeio, eram peças de designers vintage — ao invés de coleções atuais de alta costura. Sustentabilidade é uma grande paixão de Olivia, então é fantástico que ela sustente tão bem seus princípios! Seus looks no tapete vermelho geralmente consistem em vestidos de designers vintage de uma única cor, como de Marc Jacobs, Saint Laurent e Givenchy. Até seus looks casuais e de shows usam etiquetas de designers, mas, na maioria das vezes, se apresentam na forma de camisetas simples com uma borboleta estampada, botas pretas Dr. Marten, uma bolsa de designer (como Chanel) e uma minissaia plissada. Às vezes, um suéter pesado entrava na brincadeira, caso o clima estivesse mais frio.

ROCK AND ROLL A NOITE TODA

Um convite para o *37th Annual Rock & Roll Hall of Fame Induction Ceremony* significava que Olivia poderia esbarrar com alguns dos mais extraordinários músicos do planeta — Sheryl Crow, Brandi Carlile, Dolly Parton, P!nk e Ed Sheeran eram alguns dos nomes que estavam no backstage com Olivia. Ela fez sua performance de estreia no Rock Hall honrando Carly Simon com um cover de sua *You're So Vain*. Infelizmente, Carly não pôde ir à cerimônia devido a uma tragédia pessoal, mas Olivia recebeu o prêmio por ela. Depois do show, Olivia disse em um post no Instagram: "[sic] *feeling insanelyyyyyy lucky and*

honored to have helped induct the magnificent Carly Simon into the rock n roll hall of fame last night. being in a room with some of the greatest songwriters of all time was something I'll never ever forget. congrats Carly ily!!!!" ([sic] me sentindo insanamenteeeee sortuda e honrada por poder ajudar a inserir a maravilhosa Carly Simon no hall da fama do *rock n roll* na noite passada. ter estado em uma sala com alguns dos maiores compositores de todos os tempos foi algo que eu nunca vou esquecer. parabéns Carly, eu te amo!!!!!).

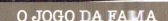

O JOGO DA FAMA

A fama chegou rapidamente para Olivia, e o caminho não foi sempre fácil. Em *Driving home 2 u*, Olivia confessou que se preocupava se as pessoas iriam gostar de suas músicas, ou pensariam que elas não eram boas o suficiente. Esse pensamento, ela explicou, vem de seu histórico como estrela mirim: "Ter sido uma atriz mirim em que, a todo momento, você ouve que tudo o que você faz é incrível quando, na verdade, está fazendo apenas o mínimo, e eles ficam dizendo 'você é uma estrela!'". Mas seu mindset era completamente o oposto, trabalhando duro para seu sucesso e só confiando em seu pai, Chris, e no produtor Dan Nigro para serem sinceros com ela. Mesmo depois do lançamento de *SOUR*, Olivia sentiu que a fama vinha com muitas pressões: 'Eu meio que senti essa pressão para ser a menina que eu pensava que todo mundo esperava que eu fosse", ela disse. "E eu acho que, por causa dessa pressão, talvez eu tenha feito coisas que eu não deveria — sair com pessoas que eu não deveria".

fama

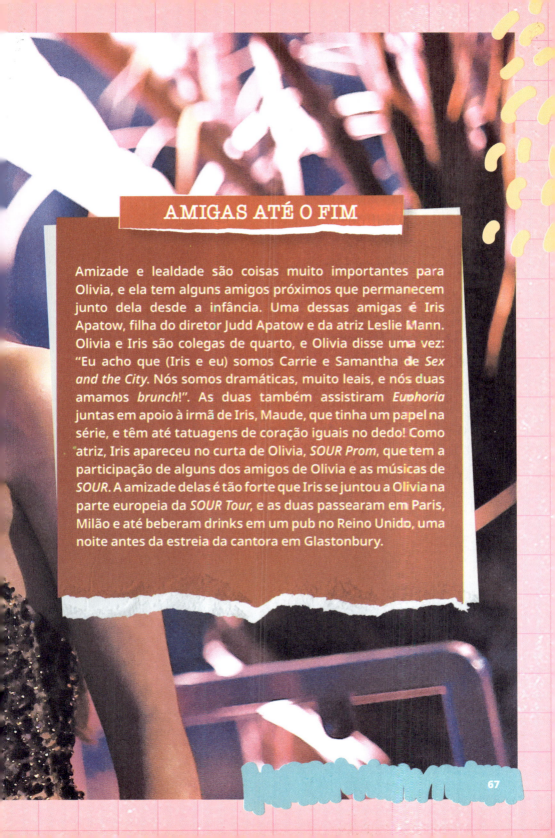

AMIGAS ATÉ O FIM

Amizade e lealdade são coisas muito importantes para Olivia, e ela tem alguns amigos próximos que permanecem junto dela desde a infância. Uma dessas amigas é Iris Apatow, filha do diretor Judd Apatow e da atriz Leslie Mann. Olivia e Iris são colegas de quarto, e Olivia disse uma vez: "Eu acho que (Iris e eu) somos Carrie e Samantha de *Sex and the City*. Nós somos dramáticas, muito leais, e nós duas amamos *brunch*!". As duas também assistiram *Euphoria* juntas em apoio à irmã de Iris, Maude, que tinha um papel na série, e têm até tatuagens de coração iguais no dedo! Como atriz, Iris apareceu no curta de Olivia, *SOUR Prom*, que tem a participação de alguns dos amigos de Olivia e as músicas de *SOUR*. A amizade delas é tão forte que Iris se juntou a Olivia na parte europeia da *SOUR Tour*, e as duas passearam em Paris, Milão e até beberam drinks em um pub no Reino Unido, uma noite antes da estreia da cantora em Glastonbury.

ENCARNANDO CHANEL

Pela terceira vez no Met Gala, em 2023, Olivia apareceu com um look estonteante. Dessa vez seguindo o tema *Karl Lagerfeld: A Line of Beauty* (uma homenagem ao diretor criativo da Chanel que faleceu em 2019). Para o evento, Olivia trouxe de volta a queridinha da Chanel, Audrey Hepburn, com uma pequena franja atravessando sua testa e o cabelo bem preso para trás com joias minimalistas, com exceção dos brincos retangulares pretos e anéis combinando — tudo para destacar seu vestido Thom Browne preto e branco. Tiras completavam a peça, com flores monocromáticas ao redor de seu busto. Na *afterparty*, Olivia soltou seu cabelo — agora optando por um vestido Chanel de lantejoulas vintage, de 1994, com um grande laço no peito, e seu longo cabelo castanho sedoso caindo sobre os ombros. Para completar o look: saltos Jimmy Choo de seda.

 SANGUE NOVO

Com *SOUR* sendo uma superestreia para Olivia, todas as atenções caíram sobre a cantora —todos aguardavam o que viria a seguir, e os fãs estavam ansiosos por seu próximo lançamento. As preces foram atendidas quando a primeira pista do novo single saiu em seu site oficial em junho de 2023 — uma contagem regressiva que encerrava em 30 de junho de 2023. A opera rock gótica *Vampire* foi lançada quando o cronômetro chegou a zero, com referências a vampiros

e um relacionamento com uma pessoa mais velha e manipuladora. Olivia depois explicou como a música surgiu. Ela escreveu a palavra "Vampire" e o conceito da música em suas notas no celular, e "estava preocupada sobre uma certa situação, então fui ao estúdio sozinha, sentei no piano, e os acordes, a melodia e as letras apenas saíram — quase como uma experiência fora-do-corpo".

"Eu estou me sentindo muito mais feliz. Tudo está indo muito bem. Então eu não faria algo tão devastador, um álbum de músicas lentas".

GUT FEELING

Depois que *Vampire* foi lançada, também soubemos o título do próximo álbum de Olivia, *GUTS* — um álbum sobre "dores crescentes", que surgiu enquanto Olivia entendia sua própria identidade. Sua prioridade máxima em *GUTS*, quando estava compondo, foi chegar ao sucesso de *SOUR*. "O começo foi bem difícil", disse Olivia. "Eu senti como se não pudesse escrever uma música sem pensar o que as outras pessoas iriam achar". *GUTS* marcou uma significante diferença de tom comparado a *SOUR*: "Nosso objetivo foi fazer algo um pouco mais brincalhão, algo que não fosse levado tão a sério", disse Olivia. Com *SOUR* sendo um álbum essencialmente sobre a separação da cantora com o colega e co-estrela Joshua Bassett, em *High School Musical: The Musical: The Series*, Olivia não queria que *GUTS* fosse tão triste ou definido como um álbum de coração partido como *SOUR* foi: "Eu estou me sentindo muito mais feliz. Tudo está indo muito bem. Então eu não faria algo tão devastador, um álbum de músicas lentas".

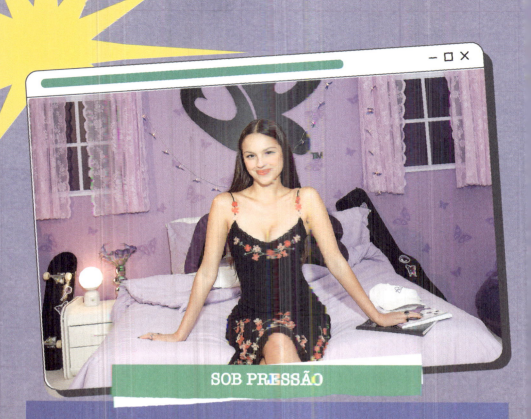

SOB PRESSÃO

O segundo álbum de Olivia, *GUTS*, começou a ser gravado em dezembro de 2022, com a cantora e o produtor Dan Nigro trabalhando bastante e passando muito tempo escrevendo. "Dan estava tipo 'você tem que ir pra casa e descansar'", ela lembra. Intervalos para comer hambúrgueres, comida taiwanesa e até Taco Bell ajudaram a aliviar as longas sessões de composição e a pressão constante de tentar algo que chegasse nas conquistas de *SOUR*: "Definitivamente havia dias em que eu me via sentada no piano, animada para escrever uma música, e depois chorava", admitiu Olivia. "Eu cresci nesse ambiente estranho onde todo mundo me elogiava por ser talentosa para minha idade, e [*GUTS*] é sobre eu estar enfrentando a pressão de fazer um segundo álbum lidando com essa cobrança, imaginando se as pessoas ainda iriam pensar que eu era legal mesmo se eu não fosse mais uma menina de dezessete anos escrevendo músicas", ela completou.

SE MANTENDO VERDADEIRA

GUTS não é apenas o segundo álbum de Olivia, mas foi capaz de trazer assuntos muito mais maduros, com temas relacionados à identidade, expectativas sociais, relacionamentos (que vão além do tópico de corações partidos) e traição, ao lado de um linguajar muito mais explícito e humor mais visível do que *SOUR*. Em *Bad Idea Right?* Olivia canta: *"Haven't heard from you in a couple of months but I'm out right now, and I'm all f***ed up"* (Não ouço falar de você há uns dois meses, mas eu saí agora mesmo, e eu estou toda f***da), o que é um comportamento esperado para qualquer pessoa próxima aos vinte e um anos, mas ela ficou hesitante em colocar essas partes. "Eu tenho muitas fãs novinhas, e tenho muita consciência disso. Mas também é real. Todas as minhas inspirações são minhas inspirações porque elas são quem são, sem desculpas. Eu não posso ficar escolhendo a dedo as partes de mim que vou expressar. E se essa é a pior coisa que eu estou fazendo, então eu acho que estou fazendo muito bem"

BRILHANDO COMO UM DIAMANTE

Depois de dois anos de sua estreia no VMAs, Olivia voltou à premiação da MTV em setembro de 2023. Ela chegou no Prudential Center em Newark, Nova Jersey, brilhando em um vestido Ludovic de Saint Sernin customizado com Swarovski — foram 150.000 cristais costurados. Para completar o look, havia brincos de diamantes, o anel prateado visto na capa do álbum *GUTS*, cabelo alisado e saltos plataforma. Nessa premiação, a compositora foi nomeada em seis categorias, que Doja Cat, Miley Cyrus, Nicki Minaj e BLACKPINK conquistaram. As categorias eram Vídeo do Ano, Música do Ano, Música do Verão, Melhor Pop, Melhor Cinematografia e Melhor Edição, todas por *Vampire*. Olivia não ganhou os prêmios, exceto por um — os editores de *Vampire* levaram para casa o prêmio de Melhor Edição, escolhido pelos profissionais da indústria.

GOOD IDEA, RIGHT?

Mudando o look para um top curto vermelho — elegante e ousado — e uma minissaia plissada, Olivia apresentou *Vampire* no palco do VMAs em um cenário de floresta melancólica, com uma neblina ondulante no ar. Conforme a música foi chegando a um ritmo mais acelerado, faíscas voaram através do palco, com Olivia parecendo confusa enquanto ela continuava a cantar. De repente, a câmera cambaleou para o lado, uma árvore do cenário caiu e uma longa cortina vermelha acidentalmente se desprendeu do teto.

Um funcionário entrou no palco para tirar Olivia de lá, enquanto pedaços de *Traitor* e *Good 4 U* tocavam repetidas vezes. Será que o palco do VMAs havia tido algum problema? Então as luzes diminuíram e o foco passou para uma grande cortina azul, e *Get Him Back!* podia ser ouvido nos alto falantes. Olivia entrou pela cortina com doze dançarinos enquanto a cantora se trocava para apresentar uma música mais agitada — parecia que os "problemas" foram planejados desde o início!

INFLUÊNCIAS MUSICAIS

Tendo aprendido a tocar piano com nove anos e guitarra com doze anos, para a série *Bizaardvark* da Disney, Olivia teve muitas influências musicais durante a vida. O grunge e a década de 1990 foram as maiores influências, assim como o pop e o country. Surpreendentemente, uma de suas bandas favoritas tem sido Rage Against The Machine. Ela até chamou a banda de rock político como sua "banda favorita no momento". "Eu poderia ouvir de novo e de novo durante meu caminho até o estúdio", ela explicou. A cantora e compositora Lorde também tem sido uma inspiração para Olivia: "Eu lembro de ouvir *Royals* no rádio", ela disse. "Foi tipo 'wow, dá pra fazer música sobre qualquer coisa que você está sentindo". Não precisa ser uma música sobre término. Ela escreveu um álbum inteiro sobre o que foi ter quinze anos nos subúrbios e se sentir perdida".

A GRANDE TURNÊ

Brincalhona e cheia de energia no palco, Olivia se encontrou totalmente em suas performances desde a sua primeira, em 2021. "Minhas primeiras duas performances foram Brits e SNL, então eu acho que não estava preparada para isso", ela explicou. "Eu acho que estar

em turnê e, noite após noite, cercada de tanta energia boa e positiva, me deu mais confiança, e a repetição e a prática me deixaram mais confortável. Eu acho que definitivamente estou mais confortável no palco agora do que estava há um ano". Ela estava ansiosa para sua turnê de *GUTS* em 2024, e escreveu o álbum pensando no entretenimento e na experiência ao vivo para seus fãs: "Acho que tem muitas músicas divertidas", ela disse. "Eu escrevi o álbum com a turnê na cabeça, então acho que são todas músicas que gostaria que as pessoas pudessem gritar e cantar na plateia".

REFEITO

Com a moda se tornando parte da marca da Olivia, não é surpresa que ela tenha sido convidada para o desfile *Givenchy's Spring/Summer* 2023 no exclusivo Paris Fashion Week. Ela apareceu com um conjunto de seda branco, saltos plataforma e uma jaqueta neutra sobre os ombros, sendo a personificação da elegância. No show também estavam Doja Cat e Paris Jackson, filha do cantor Michael Jackson, e as modelos Georgia May Jagger e Karlie Kloss. As estilistas de Olivia, Chloe e Chenelle Delgadillo, explicaram como elas vestem suas clientes, inclusive Olivia, e como o estilo delas muda ao longo do tempo: "Nós procuramos realmente enaltecer a personalidade e a direção em que sua arte está seguindo", elas explicaram. "É importante manter essa visão, e queremos apoiar a *vibe* que elas estão tentando mostrar ao mundo".

ISN'T IT IRONIC?

Alanis Morissette e Olivia se encontraram diversas vezes — sendo cada uma delas um momento memorável para Olivia. "Eu me inspiro tanto nela, e acho que ela é a pessoa mais legal e a compositora mais incrível, e foi uma honra conhecê-la". Olivia comentou sobre uma entrevista entre as duas para a Rolling Stone: "Ela me deu conselhos românticos também, o que eu acho que foi muito legal. Receber conselhos sobre relacionamentos de

Alanis Morissette é bem irônico". Olivia havia subido ao palco em Toronto, em setembro de 2022, para apresentar Alanis no *Canadian Songwriters Hall Of Fame*. "Minha vida mudou por completo. A composição de Alanis é diferente de tudo o que eu havia ouvido antes, e não havia nada parecido. E aquela voz — poderosa e suave e, às vezes, engraçada e brincalhona. Eu fiquei viciada para sempre", disse Olivia sobre a música de Alanis.

85

PENSANDO FORA DA CAIXA

Olivia já havia comentado em entrevistas sobre os problemas que tinha em encontrar sua própria identidade e aderir às expectativas sociais e autenticidade, então não é de surpreender que esses temas estejam tão presentes em *GUTS*. "Eu acho que todo mundo pode se identificar em ser colocado dentro de uma caixa de alguma maneira", ela explicou. "Uma coisa contra a qual sempre lutei, em especial quando era mais nova, é sentir que eu não poderia ficar brava ou

○ ○ ○ ○ ○

expressar insatisfação ou reclamar com medo de ser ingrata. Foi inserido dentro de mim, e me causou muitos problemas. Eu tinha toda essa raiva borbulhando dentro de mim — sobretudo na adolescência, quando você está confuso e sentindo que o mundo está contra você, e você se sente tão inseguro. Eu sonhava que ficaria louca. Sentia que não poderia nunca ser aquilo na vida real."

SAINDO DO CASULO

Olivia cresceu muito desde o lançamento de seu primeiro álbum, referindo-se a si mesma como uma "pessoa diferente". "Eu olho para trás, para aquela pessoa, e penso 'aw, ela se deu tão bem'.", afirmou. "Eu acho que ela ficaria muito feliz com quem é". A chave para sua transformação tem sido ganhar novas experiências de vida: "Eu acredito muito em apenas dar um passo em alguma direção. Mesmo que você não tenha certeza para onde vai levar", ela disse sobre tentar novas coisas. "A única maneira de você ganhar confiança é através de experiências. Esse álbum é meio que isso para mim. Foi tipo eu lutar contra os erros que cometi na vida ou sobre coisas que eu queria não ter feito e coisas que eu pensei que eram muito vergonhosas. Mas superar coisas assim é a única maneira de você descobrir quem é neste mundo."

PÉ NA ESTRADA

Em sua turnê *GUTS*, Olivia foi acompanhada por The Breeders, PinkPantheress, Chappell Roan e Remi Wolf, e ela fala que todos são "superinspirações". "Eu amo muito o trabalho deles. Estou muito animada. O show vai ser muito divertido. Na minha cabeça, eu planejo todo mundo gritando e dançando com todos esses artistas incríveis, e me sinto tão sortuda por eles estarem indo comigo. Vai ser ótimo", ela disse antes da turnê. Como tradição do que foi na turnê *SOUR*, Olivia fez, claro, covers na segunda parte do circuito de turnê. "Fazer covers das músicas das pessoas é tão divertido. Faz cada show ser especial e único". A turnê *GUTS* teve setenta e sete shows pela América do Norte e Europa, com alguns shows sendo transferidos para locais maiores, e datas sendo adicionadas ao calendário de shows por conta da demanda sem precedentes.

ALL THEY WANNA DO IS HAVE SOME FUN

Sheryl Crow conheceu Olivia quando ela lhe entregou o prêmio do *Billboard's Woman of the Year* em 2022, e elogiou sua veia artística: "Sendo você um adolescente vivendo este momento agora ou [Olivia] te fazendo relembrar suas memórias de adolescência, suas músicas têm um poder visceral que tocam o coração". Olivia respondeu agradecendo Sheryl: "Eu encontrei tanta força em compositoras e artistas mulheres que vieram antes de mim e pavimentaram o caminho, e abriram portas para tantas jovens mulheres como eu... Sheryl, eu sou uma superfã sua e de sua composição, e eu agradeço muito por você estar aqui, realmente significa demais". Depois, Olivia e Sheryl apresentaram um *hit* de Sheryl, *If It Makes You Happy*, em um café em Nashville, em setembro de 2023, antes das duas se juntarem a Stevie Nicks e Peter Frampton no palco, no *Rock & Roll Hall* of Fame de 2023, apresentando a mesma música.

GOOD VIBES

THE EARLY SONGBIRD CATCHES THE WORM*

Seguindo os passos de alguns de seus heróis da música, como Taylor Swift e Lorde, Olivia foi convidada para escrever uma música original para *Jogos Vorazes: A Cantiga dos Pássaros e das Serpente*. O diretor Francis Lawrence sentou com Olivia para assistirem uma filmagem antecipada do filme, em que muito do enredo é conduzido pela protagonista Lucy Gray (interpretada por Rachel Zegler) e seu carisma e músicas cativantes. Quando Olivia sentou para escrever a música, ela se viu inspirada por Lucy Gray, e acabou compondo *Can't Catch Me Now*. "Uma das últimas cenas foi muito inspiradora para mim. Eu não sei como descrever sem contar muito da história! É uma cena gravada de cima, com um monte de pássaros nas árvores, e uma coisa muito importante acabou de acontecer", ela disse. "Isso ficou passando repetidas vezes na minha cabeça, e eu estava tipo 'eu quero escrever uma música que capture o que é esse sentimento'. Esse era o objetivo."

*Provérbio da língua inglesa (*The early bird catches the worm*), aqui com um trocadilho com o título do filme. Porém, em português, o provérbio com o mesmo significado é "Deus ajuda quem cedo madruga". (N. E.)

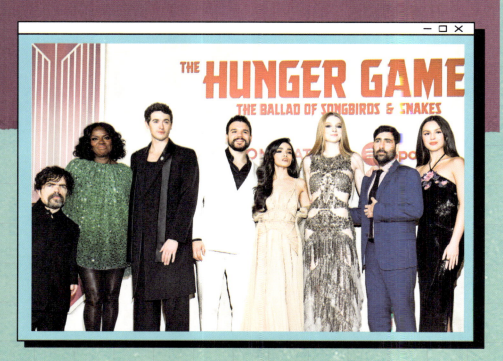

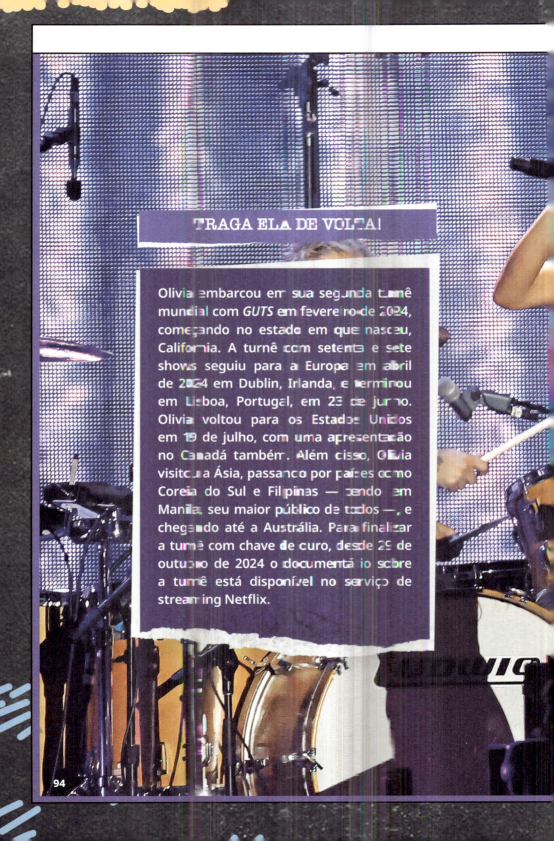

TRAGA ELA DE VOLTA!

Olivia embarcou em sua segunda turnê mundial com *GUTS* em fevereiro de 2024, começando no estado em que nasceu, Califórnia. A turnê com setenta e sete shows seguiu para a Europa em abril de 2024 em Dublin, Irlanda, e terminou em Lisboa, Portugal, em 23 de junho. Olivia voltou para os Estados Unidos em 19 de julho, com uma apresentação no Canadá também. Além disso, Olivia visitou a Ásia, passando por países como Coreia do Sul e Filipinas — sendo em Manila, seu maior público de todos —, e chegando até a Austrália. Para finalizar a turnê com chave de ouro, desde 29 de outubro de 2024 o documentário sobre a turnê está disponível no serviço de streaming Netflix.

CRÉDITOS

Ultimate Fan's Guide to Olivia Rodrigo Editorial © 2025. Todos os direitos de tradução reservados e protegidos pela Lei 9.610 de 19/02/1998. Nenhuma parte desta publicação, sem autorização prévia por escrito da editora, poderá ser reproduzida ou transmitida sejam quais forem os meios empregados: eletrônicos, mecânicos, fotográficos, gravação ou quaisquer outros.

EXCELSIOR — BOOK ONE
COORDENADORA EDITORIAL Francine C. Silva
TRADUÇÃO Silvia Yumi FK
PREPARAÇÃO Talita Grass
REVISÃO Tainá Fabrin e Lucas Benetti
CAPA E DIAGRAMAÇÃO Fabiana Mendes
FOTOS DE CAPA E DE MIOLO Getty Images e Alamy
IMPRESSÃO PlenaPrint

Dados Internacionais de Catalogação na Publicação (CIP)
Angélica Ilacqua CRB-8/7057

O54   Olivia Rodrigo : exclusivo para fãs / Future
       Publishing ; tradução de Silvia Yumi FK. — São Paulo:
       Excelsior, 2025.
       96 p : il., color.

       ISBN 978-65-88513-12-5
       Título original: Ultimate fan's guide to Olivia Rodrigo

       1. Cantoras – Biografia 2. Rodrigo, Olivia, 2003- Biografia I.
       Future Publishing II. FK, Silvia Yumi

25-0462   CDD 927B